Faszination Deutschland

Gerhard Launer

Faszination Deutschland

mit einem Text von

Norbert Lammert

Ellert & Richter Verlag

Inhalt

Deutschland von oben. Ansichten und Einsichten

von Prof. Dr. Norbert Lammert
Präsident des Deutschen Bundestages

„Deutschland? Aber wo liegt es? Ich weiß das Land nicht zu finden“: Diesen nationalen Suchauftrag stellten 1795 die Dichterfürsten Goethe und Schiller in ihren „Xenien“ – und präzisierten: „Wo das gelehrte beginnt, hört das politische auf.“ Goethe und Schiller fahndeten in Weimar zu einer Zeit, als das Bild Deutschlands als Land der Dichter und Denker und damit das Selbstverständnis der Deutschen als eine Kulturnation begründet wurde, es politisch jedoch ein Flickenteppich war, zersplittert in über 300 kleine und kleinste Territorialstaaten.

Deutschland? Aber wo liegt es heute? Diese Frage weiß zumindest der Geograf präzise zu beantworten: zwischen dem 47. und 56. Breitengrad sowie dem 5. und 15. Längengrad. Auf einer Fläche von fast 360 000 Quadratkilometern ist es ein heller, dichter Flecken auf dem Globus. Das Land stellt weniger als ein Prozent der Erdoberfläche und etwas mehr als ein Prozent der Weltbevölkerung, dabei ist es, im Herzen des Kontinents gelegen, mit seiner Einwohnerzahl von über 80 Millionen der größte Staat Europas. Dieser Bildband zoomt mit seinen aufwendig fotografierten Ansichten auf dieses Land – es ist ein Blick von oben. Die prachtvollen Bilder laden zu einem Rundflug über Landschaften, Seen, Flüsse, Wälder und Berge, aber auch über Dörfer, Städte und Metropolen ein. Über ihre eigene Bildästhetik hinaus dokumentieren sie die Vielfalt und Schönheit Deutschlands, voller Natur, Urbanität, Kultur und Geschichte – und eröffnen damit auch einen Blick in das Innere dieses faszinierenden Landes.

Mit fast 17 Millionen Hektar landwirtschaftlicher Nutzfläche präsentiert sich Deutschland als ein noch immer bedeutendes Agrarland, das zu den führenden Exporteuren von Agrarprodukten gehört. Und das nicht nur mit seiner einzigartigen Fülle an Brot- und Wurstsorten sowie seinen Bieren, die nach deutschem Reinheitsgebot gebraut Weltstandards setzen. Deutschland verfügt auch über große Weinanbaugebiete, deren beste Lagen international gefragte edle Tropfen hervorbringen.

Reich an eigenen Bodenschätzen ist es hingegen nicht, das machen auch die Ansichten der deutschen Industrielandschaft deutlich. Unauslöschliche Spuren des Kohlebergbaus und stillgelegte Zechen, von denen sich einzelne zu Stätten der Hochkultur gewandelt haben, berichten vom Energiebedarf eines seit dem 19. Jahrhundert hochindustrialisierten Landes. Während Atommeiler an den Zukunfts- und Fortschrittsoptimismus früherer Jahrzehnte erinnern, verweisen die neuen Energietrassen, die sich ihren Weg über Hügelketten und durch die Wälder bahnen, zusammen mit Windrädern und Solarparks auf den technischen und gesellschaftlichen Wandel, getragen von einer umweltbewussten Bevölkerung und einer auf Nachhaltigkeit ausgerichteten Politik. Wo es an Bodenschätzen fehlt, braucht es anderes, vor allem den Ideenreichtum der Menschen, um sich auf globalen Märkten zu behaupten. Und so ist Deutschland nicht nur das Land der Dichter und Denker, sondern immer auch ein Land der Erfinder gewesen, mit einer stolzen Tradition an Patenten und Nobelpreisträgern. Ob in der chemisch-pharmazeutischen oder elektronischen Industrie, der Metallerzeugung und -bearbeitung oder dem Maschinenbau: Deutschland zählt zu den führenden Industrienationen, ist in vielen Branchen Marktführer und seit Jahren Exportweltmeister – nicht nur in der Produktion von Autos, die auch jenseits der Landesgrenzen geradezu als Inbegriff von Innovationen made in Germany gelten. Die mobile Gesellschaft zeigt sich aus der Vogelperspektive in einem dichten Netz von Straßen und Autobahnen, das sich durch erstaunlich unterschiedliche Landschaften zieht.

Begrenzt wird dieses Land im Norden von Nord- und Ostsee, im Süden von den Alpen, beides Landesteile, die Deutschland neben vielen anderen Regionen zu einem attraktiven Tourismusziel machen. In West und Ost bildeten über Jahrhunderte große Flüsse den Zankapfel im Grenzstreit der benachbarten Nationen, sie waren Schauplätze blutiger Konflikte mit Franzosen und Polen. Deutschland ist von mehr Nachbarn umgeben als alle anderen europäischen Staaten. Davon erzählen die unzähligen Burgen und Festungen des Mittelalters, die auf den Hügeln und Bergen thronen und – zusammen mit den prächtigen Schlössern und Residenzen – das ferne Echo einer Epoche bilden, als dort das Zentrum des Heiligen Römischen Reiches Deutscher Nation war und wechselnde Fürstenhäuser den Kontinent mit imperialem Anspruch beherrschten. Dieses Reich war zwar weder römisch noch deutsch und schon gar nicht heilig, dass aber das Christentum noch heute prägend für dieses Land ist, vermitteln die zahlreich in den Himmel ragenden Kirchtürme – selbst wenn daneben goldene Synagogenkuppeln und längst auch Moscheen auf die religiöse Vielfalt in der Lebenswirklichkeit der Bevölkerung verweisen.

Unter den über 80 Millionen Menschen, die hier leben und das Land gestalten, haben heute über 16 Millionen einen Migrationshintergrund. In der globalisierten, mobilen Welt, in der Landesgrenzen bei Weitem nicht mehr dieselbe Bedeutung haben wie früher, übt Deutschland eine große Faszination aus. Politische Stabilität, individuelle Freiheit und hoher Lebensstandard sind für viele Menschen nicht nur aus Europa von großer Attraktivität. Heute ist Deutschland Heimat vieler Nationalitäten, Menschen aus über 190 Nationen leben hier. Migration hat dieses Land schon immer geprägt; Zuwanderung stand am Beginn der Industrialisierung im 19. Jahrhundert, gehörte zum Wirtschaftswunderland nach dem Zweiten Weltkrieg und fördert die deutsche Wirtschaftskraft auch in der Zukunft.

Die hohe Verbundenheit vieler Menschen mit ihrer Heimat, der Region, der sie entstammen oder in der sie leben, ist nicht typisch deutsch, sondern auch anderswo zu beobachten. Aber die Bundesrepublik Deutschland hat eine besondere regionale Vielfalt zu bieten. Sie gliedert sich in 16 Bundesländer und kennt noch weit mehr Regionen und Landsmannschaften. Bayern und Brandenburger, Franken und Friesen, Rheinländer und Westfalen, Thüringer und Pfälzer, Hessen und Württemberger: Jede Landsmannschaft hat ihre Geschichte, ihre eigene Identität, hat besondere Talente und Traditionen. Zusammen sind sie stärker als jede für sich allein, erst zusammen bilden sie Deutschland.
Ihren stärksten Ausdruck findet die regionale Vielfalt in der Sprache, in den unzähligen Dialekten. Auf den Bildern bleibt sie unsichtbar, es gibt aber für die Kultur und das Selbstverständnis dieses Landes keinen wichtigeren Faktor als die Sprache. „Erst mit der Sprache geht die Welt auf", sagt der Philosoph Hans-Georg Gadamer. Auf das Deutsche bezogen, heißt das, in der Sprache öffnet sich eine Welt mit ihren Seelenlandschaften, eine Welt von Kunst und Wissenschaft, Theologie und Philosophie – der Nährboden für eine Kulturlandschaft, deren Reichtum an Theatern und Bibliotheken, an Opernhäusern und Konzertsälen weltweit einzigartig ist. Ihre Gebäude ragen aus der Topografie der Städte ebenso heraus wie die Sport- und Fußballstadien als moderne Kathedralen einer sportbegeisterten Nation. Deutschland ist heute mit 36 Kultur- und drei Naturwelterbestätten auf der UNESCO-Liste vertreten, darunter die alten Buchenwälder, in die sich zurückziehen kann, wer der Geschäftigkeit der Städte entfliehen will. Hier, in den Bergen, den Mittelgebirgen und Alpen, finden die Deutschen noch immer – in den Worten eines ihrer größten Dichter – über allen Gipfeln und über allen Wipfeln Ruh'.

Deutschland? Aber wo liegt es? Unsere Nachbarn wussten das immer und behielten das Land genau im Blick – erst recht, seitdem es im 19. Jahrhundert als junger, manche sagen: verspäteter Nationalstaat in drei sogenannten Einigungskriegen auf der Weltkarte erschien. Ihr Verhältnis zum großen Nachbarn in der Mitte des Kontinents war stets spannungsgeladen, wovon insbesondere die noch immer nachwirkende traumatische Geschichte des 20. Jahrhunderts Zeugnis ablegt. Spuren dieser Gewaltgeschichte durchziehen auch die Ansichten von oben, vor allem in den Narben, die deutsche Städte im Zweiten Weltkrieg davontrugen, als ganze Straßenzüge und mit ihnen historisch gewachsene Stadtbilder dem Erdboden gleichgemacht wurden. Und wer genau schaut, wird beim Flug über die Mitte Deutschlands vielleicht auch noch die Spuren des Kalten Krieges erkennen können, als über 40 Jahre lang der Eiserne Vorhang und in Berlin die Mauer das Land zerschnitten.

Aus den Erfahrungen dieser Irrwege und Umwege hat unser Land gelernt und seine Konsequenzen gezogen. Das schlägt sich nirgends stärker nieder als in der Verfassung, die sich die Deutschen gegeben haben. Im Grundgesetz, das seit 1949 Einigkeit und Recht und Freiheit sichert – zunächst nur im Westen, seit dem 3. Oktober 1990 in ganz Deutschland –, verpflichten sich die Deutschen „als gleichberechtigtes Glied in einem vereinten Europa dem Frieden der Welt zu dienen". Denn die Deutschen wissen, die Zukunft ihres Landes ist auch die Zukunft all unserer Nachbarn und Partner in Europa.

Daraus erwächst eine Verantwortung, der sich dieses Land auch weiterhin stellen muss. Von oben betrachtet ist Deutschland ein faszinierendes Land, von außen betrachtet in der Beschreibung des langjährigen luxemburgischen Ministerpräsidenten und heutigen EU-Kommissionspräsidenten Jean-Claude Juncker nicht nur der beste Staat, den es je auf deutschem Boden gab, sondern auch „der beste Nachbar seiner Nachbarn seit dem Anfang des 20. Jahrhunderts".

An No

rd- und Ostsee

Die Ostfriesischen Inseln: Im Vordergrund Minsener Oog, eine unbewohnte Sandinsel, dahinter Wangerooge, Spiekeroog, Langeoog und die anderen Inseln

Die Ostfriesische Insel Juist, die „schönste Sandbank der Welt“, ist an ihrer schmalsten Stelle nur 500 Meter breit.

Vor Baltrum, die kleinste der bewohnten Ostfriesischen Inseln

Anfang der 1980er-Jahre: Strandleben vor Juist, mit 17 Kilometern die längste der Ostfriesischen Inseln

Wattwanderer auf dem Weg zur Insel Neuwerk, einer Naturoase mit ganz besonderem Reiz

Seehunde auf einer Sandbank bei Borkum

Leuchtturm Hohe Weg, Außenweser

Ein Priel im Wattenmeer bei Juist

Helgoland mit der Langen Anna (unten links), einer 47 Meter hohen freistehenden Felsnadel, und seiner als Badeinsel genutzten Düne

Hallig Gröde, eine der zehn Halligen im Nationalpark Schleswig-Holsteinisches Wattenmeer

Hallig Nordstrandischmoor vor der nordfriesischen Küste, rechts der Lorendamm zum Beltringharder Koog

Insel Amrum mit dem Kniepsand, einem der breitesten Sandstrände Europas, oben links Sylt, oben rechts Föhr

Sylt, die „Königin der Nordsee", mit der Hörnum-Odde unten) und seinem 38 Kilometer langen Weststrand

Naturschutzgebiet mit malerischen reetgedeckten Häusern: die Nehrungshalbinsel Graswarder vor Heiligenhafen

Die Insel Poel in der Wismarer Bucht, unten im Bild der Walfisch, eine unbewohnte Insel

Inseln im Saaler Bodden, südwestlicher Teil der Darß-Zingster Boddenkette

Königsstuhl, mit 118 Metern der höchste Kreidefelsen Rügens

Das Wahrzeichen Rügens: Die imposanten Kreidefelsen erstrecken sich zwischen Sassnitz und Lohme auf einer Länge von 15 Kilometern.

Vitter Bodden, im Hintergrund die Insel Hiddensee mit den Halbinseln Neu- und Altbessin (Bildmitte rechts)

Die Peene bei Anklam, sie mündet in den Peenestrom, einem der drei Mündungsarme der Oder. Im Hintergrund die Insel Usedom

Koos ist die größte Insel im Greifswalder Bodden und Naturschutzgebiet.

Usedom: Mehr als 40 Kilometer lang ist die Küstenlinie von Deutschlands zweitgrößter Insel an der Ostsee.

Norddeut

sches Tiefland

Naturschutzgebiet Bislicher Insel bei Xanten, Niederrhein

Die Ems und das Emsland, im Hintergrund der Dollart, eine 90 Quadratkilometer große Nordseebucht südlich der Seehafenstadt Emden

Das Provinzialmoor, ein Naturschutzgebiet im Landkreis Emsland. Das Hochmoorgebiet wird renaturiert, um die Lebensräume seltener Arten zu erhalten.

Das Guderhandviertel im Alten Land, einem der größten Obstanbaugebiete Europas, mit dem linkselbischen Nebenfluss Lühe

Der Schaalsee, einer der tiefsten deutschen Seen, während der Rapsblüte im Mai, links Schleswig-Holstein, rechts Mecklenburg-Vorpommern

Rapsfelder bei Muchow im Landkreis Ludwigslust-Parchim, Mecklenburg

Riesige Felder prägen die Landschaft und Landwirtschaft Mecklenburg-Vorpommerns.

Der kleine Ulrichshusener See liegt unweit von Malchin inmitten der durch die Eiszeit entstandenen Jungmoränenlandschaft im Nordosten Deutschlands.

Die Müritz (Kleines Meer), der größte See, der vollständig in Deutschland liegt, ist Teil der Mecklenburgischen Seenplatte.

Feldmarken in der eiszeitlich geprägten Uckermark, die wegen ihrer hügeligen Landschaft auch als „Toskana des Nordens“ bezeichnet wird.

Der Spreewald: Von unzähligen und weitverzweigten Flussverästelungen wird diese einmalige Landschaft durchzogen.

Dammer Teich bei Lieberose, Oberspreewald

Flus

slandschaften

Bevor die schleswig-holsteinische Eider in die Nordsee (links oben im Bild) mündet, mäandert sie bei Hennstedt durch die Marschenlandschaft.

Die nur 30 Kilometer lange Alte Sorge ist ein Nebenfluss der Eider im nördlichen Schleswig-Holstein.

Die Lippe schlängelt sich durch die Landschaft bei Flaesheim. Sie entspringt im Eggegebirge und mündet bei Wesel in den Rhein.

Die Elbe bei Dömitz. Der bis weit nach Tschechien hinein schiffbare Fluss hat in vielen Abschnitten noch seine Ursprünglichkeit bewahrt.

Im Nationalpark Unteres Odertal befindet sich die einzige intakte Polderlandschaft Deutschlands. Im November werden die Sommerdeiche der Oder geöffnet.

Oh Mosella!: die 14 Kilometer lange Moselschleife bei Zell mit den berühmten Weinlagen

Die malerische Saarschleife bei Mettlach gehört zu den bekanntesten Sehenswürdigkeiten des Saarlandes.

Blick über die Rheininsel Rüdesheimer Aue (links) bis nach Bacharach. Rechts die Ausläufer des Taunus und links die des Hunsrücks

Eine weite Schleife zieht der Main bei Volkach. Hier wachsen einige der großen Weißweine Frankens.

Die Altmühl, ein Nebenfluss der Donau, hat ab Treuchtlingen durch den Fränkischen Jura ein enges Tal gegraben.

Bei Weltenburg, dem ältesten Kloster Bayerns, bricht die Donau auf einer Länge von fünf Kilometern durch den Fränkischen Jura.

Der Inn, einer der längsten und mächtigsten Alpenflüsse, mündet bei Passau in die Donau. Seinen Unterlauf begleitet über 22 Kilometer der Innkanal.

Die

Mittelgebirge

Das Wiehengebirge ragt wie ein Keil in das Norddeutsche Tiefland und verläuft an den Grenzen von Niedersachsen und Nordrhein-Westfalen.

Der Nürburgring: Die weltbekannte 28 Kilometer lange ehemalige Formel-1-Rennstrecke liegt in der Hocheifel bei Adenau.

Der Laacher See befindet sich in der Vulkaneifel nahe der hochmittelalterlichen Abtei Maria Laach mit ihrer romanischen Klosterkirche (Bildmitte unten).

Das Hochsauerland weist eine Höhe von 700 bis 843 Metern (Langenberg) auf und gehört zum Rothaargebirge.

Der Nationalpark Kellerwald-Edersee ist Unesco-Weltnaturerbe und die Edertalsperre einer der größten Stauseen Deutschlands. Rechts Burg Waldeck

Der 1142 Meter hohe Brocken ist der höchste Berg des Harzes, sagenumwoben und viel besungen.

Die Staumauer der Okertalsperre (l.o.) im Naturraum Harz ist 75 Meter hoch. In dem Stausee können mehr als 47 Mio. Kubikmeter Wasser gespeichert werden.

Im Kyffhäuser soll der Sage nach Kaiser Friedrich I. (genannt Barbarossa) schlafen und erst dann aufwachen, wenn das Reich gefährdet ist.

Die 305 Meter über der Elbe gelegene Bastei gehört zu den großen Touristenattraktionen der Sächsischen Schweiz.

Die bizarren Schluchten und Felsen der am rechten Elbufer gelegenen Sächsischen Schweiz inspirierten viele Maler und Schriftsteller.

Der Pfälzer Wald ist die größte zusammenhängende Waldfläche Deutschlands und nimmt ein gutes Drittel der gesamten Pfalz ein.

Der Spessart umfasst das größte zusammenhängende Laubmischwaldgebiet Deutschlands.

Windkrafträder im Spessart: Mit seinen bis zu 586 Metern Höhe ist dieses Mittelgebirge auch als Lieferant für Windenergie entdeckt worden.

Die Rhön ist legendäres Segelfluggebiet: Mit ihren 950 Metern Höhe ist die Wasserkuppe der höchste Berg Hessens.

Gewitterstimmung am Rande des Steigerwalds, dem zwischen Würzburg und Nürnberg gelegenen Mittelgebirge

Störche im Aufwind am Rand des Thüringer Walds

Der Thüringer Wald: ein Kammgebirge mit 150 Kilometern Länge und 35 Kilometern Breite und dem für Wanderer legendären Rennsteig

Der Schwarzwald aus nordwestlicher Richtung mit dem 1493 Meter hohen Feldberg und dem weitverzweigten Münstertal

Die Schwäbische Alb fällt im Nordwesten steil ab, während sie im Südosten sanft ins Alpenvorland übergeht.

Der Bayerische Wald erstreckt sich über etwa 100 Kilometer parallel zur deutsch-tschechischen Grenze.

Höchster Berg des Bayerischen Waldes ist der Große Arber mit 1456 Metern Höhe.

Alpenvorl

and und Alpen

Die ehemalige Festung Wasserburg liegt mit Kirche und Schloss auf einer malerischen Halbinsel vor dem Nordufer des Bodensees.

Kloster Seeon wurde 994 gegründet, liegt in Oberbayern am Ostufer des gleichnamigen Sees und wird als Kultur- und Bildungszentrum genutzt.

Eindrucksvoll hat sich der Rhein sein Bett bei Konstanz in den Bodensee gegraben.

Das Donauried: international bedeutsames Feuchtgebiet mit Niedermooren und einer besonderen Flora und Fauna

Weit schweift der Blick von den südlich des Starnberger Sees gelegenen Osterseen auf die Nordkette der Alpen.

Linienschiffe im Eis vor der Fraueninsel, der zweitgrößten Insel im Chiemsee

Das Kloster Frauenwörth, 782 gegründet, prägt den Charakter der Fraueninsel und ist gleichzeitig Wallfahrtsort für viele Besucher.

Der im Alpenvorland gelegene und am weitesten nach Norden reichende Ammersee ist das drittgrößte Gewässer Bayerns.

Im welligen Hügelland des Pfaffenwinkels liegt die Wieskirche, ein Meisterwerk des bayerischen Barock.

Der Walchensee (hinten) ist einer der tiefsten und größten Alpenseen, davor der Kochelsee, durch den die Loisach fließt.

Direkt hinter dem malerisch gelegenen Tegernsee erheben sich die Gipfel der Alpen.

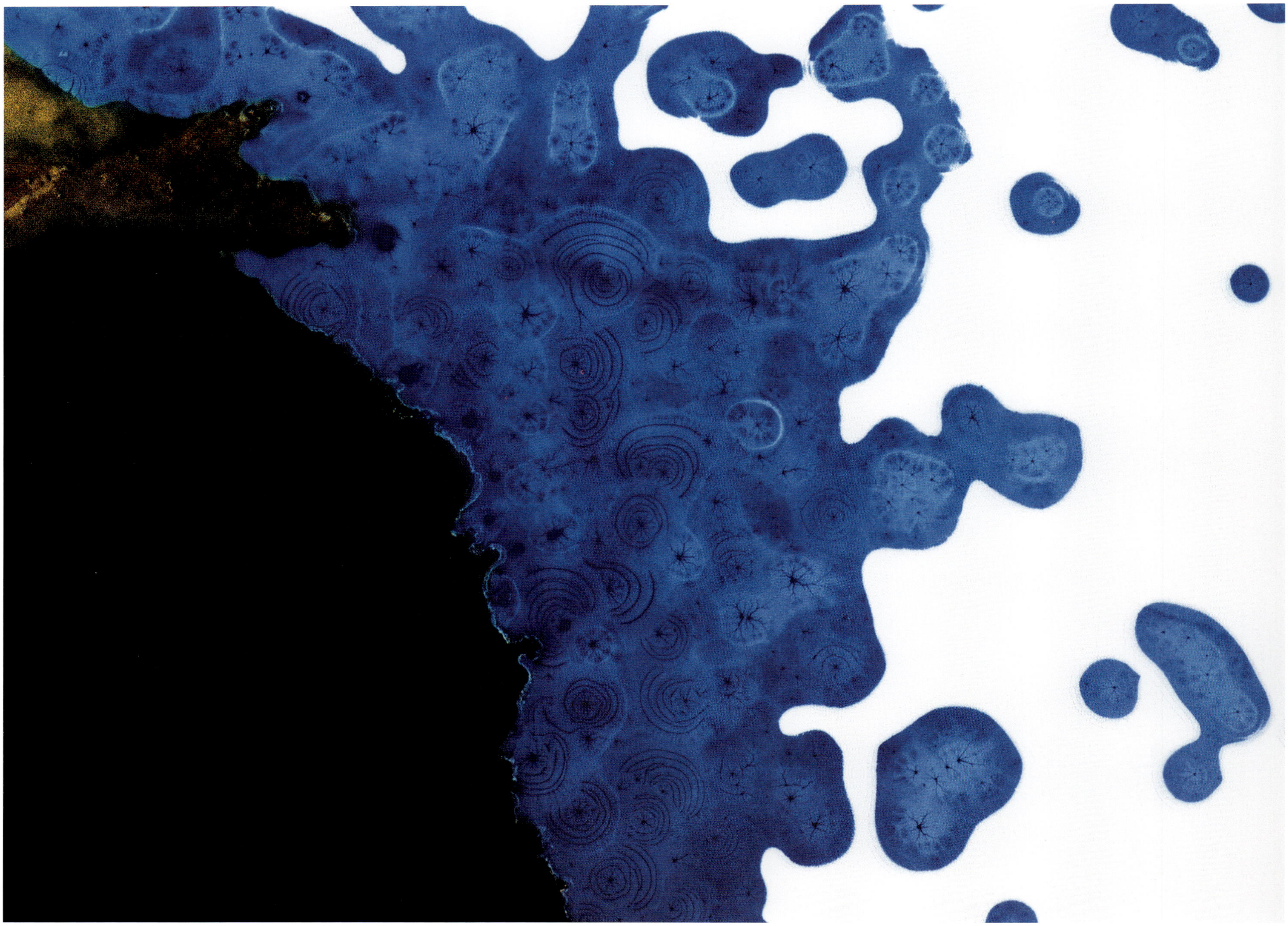

Eisstrukturen am Sylvenstein-Stausee. Er wurde ab 1954 zum Hochwasserschutz und zum Erhalt eines konstanteren Wasserspiegels der Isar gebaut.

Der Gipfel der Zugsp tze, dem mit 2962 Metern höchsten Berg Deutschlands

Spuren im Schnee: der Traum jedes Skifahrers – Neu- und Tiefschnee und eine noch nicht befahrene Piste

Geheimnisvoll liegt der Königssee im Berchtesgadener Land. Rechts der Watzmann mit der höchsten Steilwand der Ostalpen

Die Gipfel der Nordalpenkette mit Blick auf die Zugspitze (oben rechts)

Kultu

rlandschaften

Das Glücksburger Schloss liegt unweit der Flensburger Förde und gehört zu den besonderen Sehenswürdigkeiten Schleswig-Holsteins.

Hauptattraktion von Schwerin, der Landeshauptstadt Mecklenburg-Vorpommerns, ist das auf einer Insel erbaute Schloss.

Die Herrenhäuser Gärten in Hannover, eine der schönsten Barockgartenanlagen der Welt

Ein schönes Zeugnis preußischer Architektur: das dreigeschossige Belvedere im Park des Charlottenburger Schlosses, Berlin

Das Denkmal für die ermordeten Juden Europas im Zentrum Berlins mit seinen 2711 Stelen

Ästhetik in Vollendung: der Park von Sanssouci in Potsdam mit der weltberühmten Sommerresidenz Friedrich II. (der Große)

Fürst Pückler: Mit seinen Gärten in Bad Muskau und Branitz bei Cottbus (Foto) hat er der Nachwelt Parks hinterlassen, die ihresgleichen suchen.

Gotisches Haus im Wörlitzer Garten: 1773 errichtet, ist es ein herausragendes Zeugnis der Neugotik und von großer architekturhistorischer Bedeutung.

Unweit von Dessau entstand Ende des 18. Jahrhunderts der Wörlitzer Garten, der erste englische Landschaftspark auf dem Kontinent.

Das 1376 erstmals erwähnte Wasserschloss Herten liegt inmitten eines englischen Landschaftsgartens im Norden des Ruhrgebiets.

Das in Xanten errichtete römische Legionslager war Ausgangspunkt für Feldzüge ins rechtsrheinische Gebiet. Das Amphitheater (Foto) wurde rekonstruiert.

Der Aachener Dom, Begräbnisstätte von Karl dem Großen und Krönungskirche deutscher Könige

Porta Nigra: Das 30 Meter hohe römische Stadttor ist Weltkulturerbe und steht seit über zweitausend Jahren in Trier an der Mosel.

Weithin sichtbares Wahrzeichen von Speyer ist der Kaiserdom, die größte erhaltene romanische Kirche der Welt. Acht deutsche Kaiser sind hier begraben.

Die Karlsauen in Kassel an der Fulda mit dem großen Teich im Süden und dem klassizistischen Tempel auf der Schwaneninsel

Schloss und Park Wilhelmshöhe in Kassel wurde zeitweilig von Napoleons Bruder Jérôme (auch „König Lustig" genannt) als Residenz genutzt.

Das Lustschloss Belvedere liegt unweit von Weimar und zählt mit seiner Orangerie und dem Landschaftspark zu den schönsten Residenzen in Thüringen.

Auf der Wartburg im Thüringer Wald bei Eisenach übersetzte der Reformator Martin Luther 1521/1522 das Neue Testament ins Deutsche.

Hoch über dem Flüsschen Jagst liegt Langenburg mit seinem Schloss und dem barocken Garten.

Das großherzogliche Schloss in Karlsruhe wurde ab 1715 als Residenz des Markgrafen erbaut. Besonders beeindruckend ist der im Barockstil angelegte Park.

Die Rote Moschee im Schwetzinger Schlossgarten sollte die Toleranz des Hofes gegenüber den Kulturen der Welt symbolisieren.

Das Schloss in Schwetzingen, Sommerresidenz von Kurfürst Karl Theodor (1724–1799), ist heute vor allem wegen seiner barocken Gartenanlagen berühmt.

Kulturlandschaft vor Schwarzwaldkulisse: der Kaiserstuhl mit seinen in Terrassen angelegten Weinbergen

Fast unverändert erhalten sind die im 18. Jahrhundert im barocken Stil errichteten Gebäude von Kloster Roggenburg bei Ulm.

Das gotische Ulmer Münster mit dem höchsten Kirchturm der Welt (161 Meter), rechts daneben das von Stararchitekt Richard Meier entworfene Stadthaus

Die Bodenseeinsel Reichenau mit ihren spätkarolingischen und romanischen Kirchen blickt auf eine mehr als 1300-jährige Siedlungsgeschichte zurück.

Die Würzburger Residenz, gebaut von 1719 bis 1744, Sitz der Fürstbischöfe und ein Hauptwerk des süddeutschen Barock, entwarf Balthasar Neumann.

Rothenburg ob der Tauber ist mit seiner mittelalterlichen Altstadt und der begehbaren Stadtbefestigung eine weltbekannte Sehenswürdigkeit.

Beliebter Treffpunkt des am Ende des 18. Jahrhunderts angelegten Englischen Gartens in München ist der von Leo von Klenze gestaltete Monopteros.

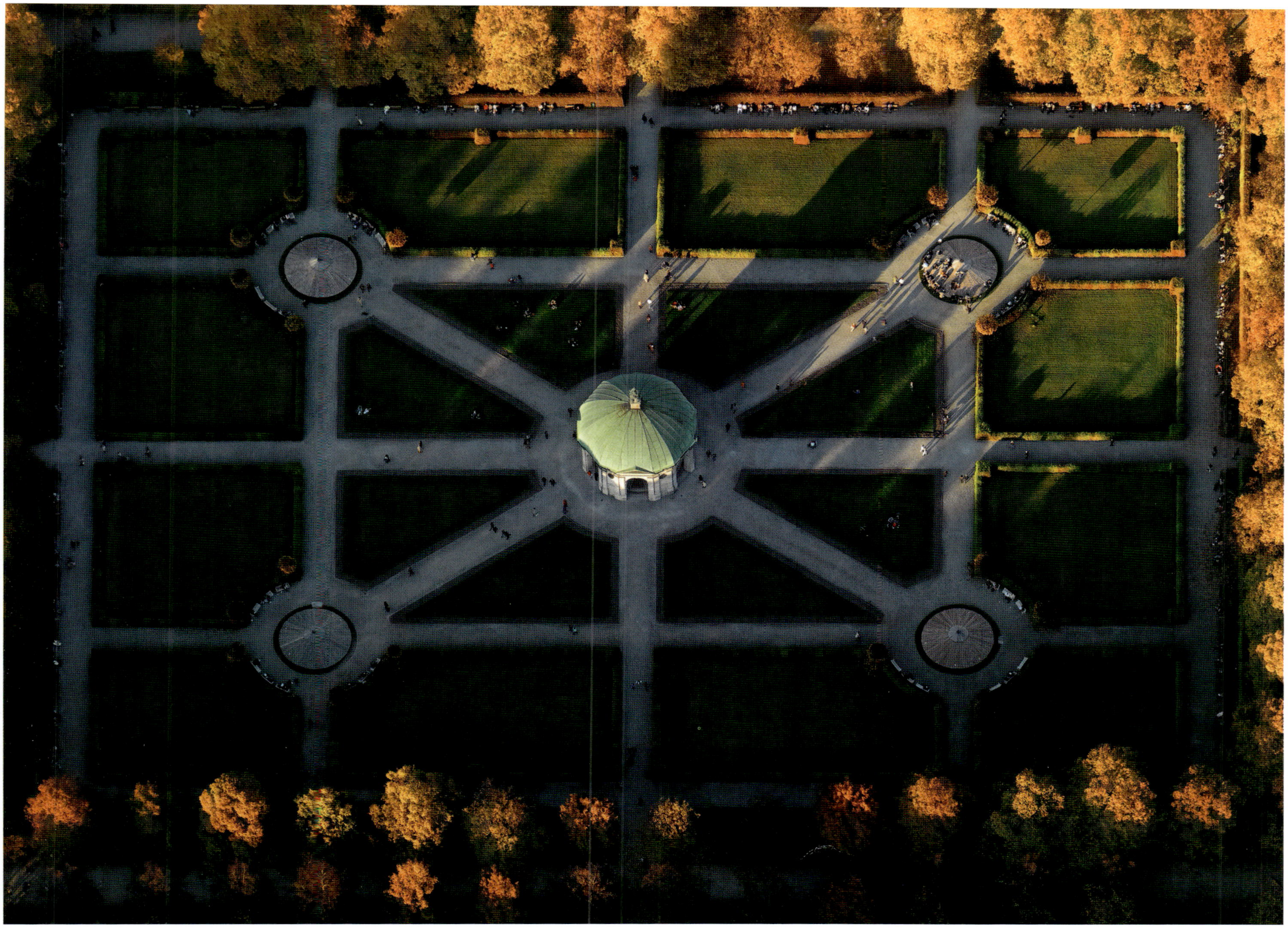

Der Hofgarten in München mit dem Dianatempel, von dessen acht Bögen die Wege ausgehen, die seine geometrische Struktur bestimmen

Schloss Neuschwanstein entstand Ende des 19. Jahrhunderts in unvergleichlicher Lage über dem Alpsee im Allgäu nach Plänen von König Ludwig II.

Stac

tlandschaften

Kiel ist nicht nur Landeshauptstadt von Schleswig-Holstein, sondern auch Verbindungshafen zu den nördlichen Nachbarn.

Das Holstentor gilt als Wahrzeichen Lübecks, der „Königin der Hanse“. Die Altstadt mit den berühmten Kirchen ist Weltkulturerbe.

Das pompöse Hamburger Rathaus wurde 1897 eingeweiht. Es repräsentiert das bürgerliche Selbstbewusstsein der Hanseaten.

Blick von der Elbe über die Hamburger Innenstadt mit ihren Fleeten auf die Binnen- und Außenalster. Rechts die Speicherstadt mit der Elbphilharmonie

Emden, die größte Stadt Ostfrieslands, liegt an der Mündung der Ems und wird wesentlich durch ihren Seehafen geprägt.

Schmuckstück des Bremer Marktplatzes ist das im Stil der Weserrenaissance errichtete Rathaus. Rechts daneben der St.-Petri-Dom

Celle, am Südrand der Lüneburger Heide gelegen, ist bekannt für seine historische Altstadt und sein Schloss (oben).

Von der Kuppel des Rathauses von Hannover, der Landeshauptstadt Niedersachsens, hat man einen fantastischen Blick auf die grüne Stadt an der Leine.

Weltkulturerbe: Quedlinburg mit seiner historischen Altstadt und seinen romanischen Kirchen

Weltkulturerbe Goslar: Im Bild der Marktplatz, das Rathaus und die 1151 erstmals urkundlich erwähnte Marktkirche (rechts)

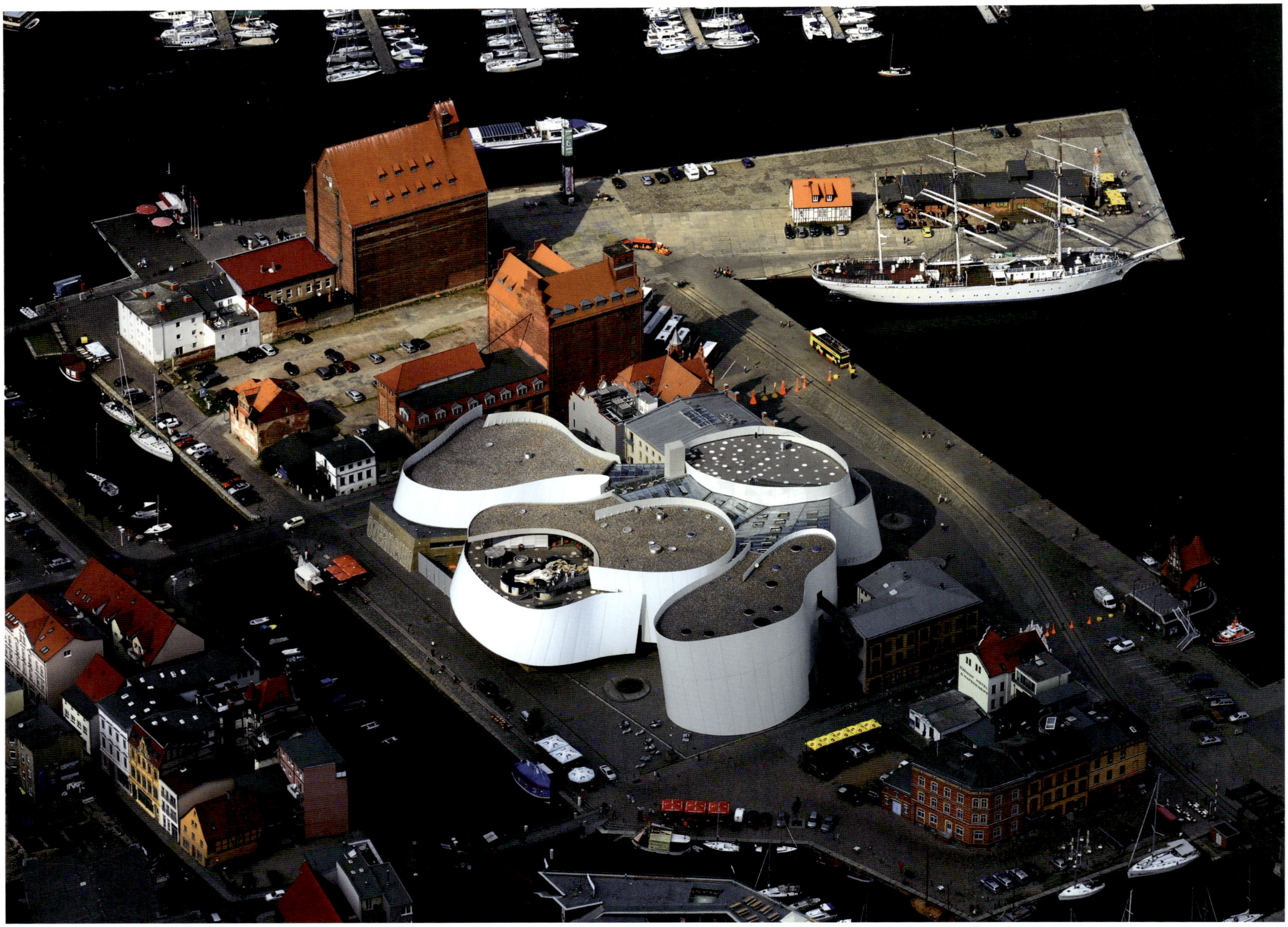

Hafen der Hansestadt Stralsund: Das „Ozeaneum" (Mitte) ist einer von vier Standorten des Deutschen Meeresmuseums. Rechts das Segelschulschiff Gorch Fock

Besondere Attraktionen des großen Marktplatzes der Hansestadt Wismar sind die Wasserkunst sowie die historischen Häuser, die ihn umgeben.

Berlin: das Regierungszentrum Deutschlands. Links das Kanzleramt, dahinter das Paul-Löbe-Haus, rechts der Reichstag mit seiner markanten Kuppel

Im Herzen Berlins: neue Bebauung im lebendigen Stadtteil Kreuzberg

Am Potsdamer Platz, dem historischen Mittelpunkt Berlins, ist ein städtisches Ensemble mit einer zentralen Plaza (links) entstanden.

Das eintausendjährige Leipzig war stets Taktgeber für Wirtschaft, Kultur, Wissenschaft und Verlagswesen. Im Vordergrund das Neue Rathaus

In der spätgotischen Thomaskirche dirigierte schon der Kantor Johann Sebastian Bach, der auch hier begraben ist, den Thomanerchor.

Die Frauenkirche in Dresden: Symbol für Versöhnung seit dem Wiederaufbau nach ihrer Zerstörung im Zweiten Weltkrieg

Dresden, auch „Elbflorenz" genannt, verdankt seine berühmte Kunstsammlung und den Bau des Zwingers (Foto) August dem Starken und seinem Sohn.

Die zerstörte Altstadt von Münster mit dem Prinzipalmarkt, dem Rathaus und der St. Lamberti-Kirche wurde nach dem Zweiten Weltkrieg wieder aufgebaut.

Düsseldorf: Blick auf den Fernsehturm, die Gehry-Häuser (in der Bildmitte) und den Medienhafen

Die Düsseldorfer Altstadt mit der Rheinuferpromenade, der Oberkasseler Brücke und der weltberühmten Königsallee (Kö), rechts im Bild

Bonn war bis 1999 Hauptstadt der Bundesrepublik. Im Vordergrund das kurfürstliche Schloss, das heute als Hauptgebäude der Universität genutzt wird

Zwischen dem imposanten Kölner Dom und dem Rheinufer liegt das Kulturzentrum mit seinen Museen, oben rechts die romanische Kirche Groß St. Martin.

Dortmund, mit fast 600 000 Einwohnern größte Stadt des Ruhrgebiets, ist Wirtschafts- und Handelsmetropole, im Vordergrund der Phoenix-See.

Symbol der Bergbautradition und Wahrzeichen des neuen Ruhrgebiets: Kokerei und Zeche Zollverein in Essen, seit 2001 Weltkulturerbe

Freudenberg im Siegerland mit seinem berühmten Fachwerkhaus-Ensemble, das nach dem großen Stadtbrand von 1666 entstand

In Hessen findet man noch viele gut erhaltene Fachwerkstädte – wie hier den Marktplatz von Melsungen mit seinem 1556 errichteten Rathaus.

Wiesbaden ist Kurort und Landeshauptstadt Hessens zugleich. In der Bildmitte die Marktkirche am Schlossplatz

Skyline von Frankfurt (Mainhattan): Die Wirtschaftsmetropole ist Dreh- und Angelpunkt der Finanzwelt und Drehkreuz des europäischen Luftverkehrs.

Heidelberg am Neckar mit seinen alten Gassen und dem Schloss (oben links) ist berühmt für seine 1386 gegründete Universität.

Der Friedrichsplatz der Quadratestadt Mannheim, 1901 fertig gestellt, mit seinem 60 Meter hohen Wasserturm

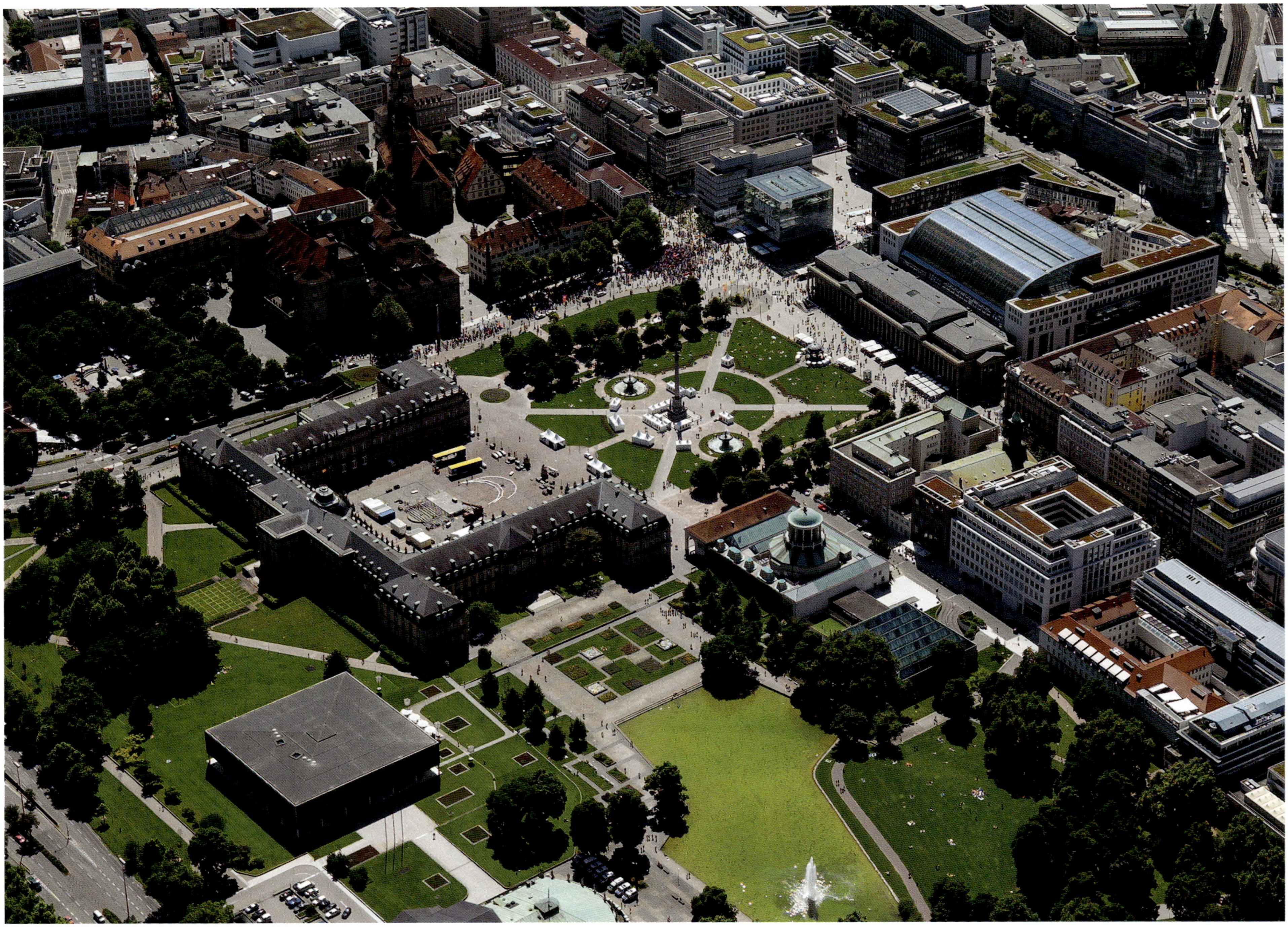

Stuttgart, Hauptstadt des Bundeslandes Baden-Württemberg. In der Mitte der Schlossplatz mit dem barocken Neuen Schloss und der Jubiläumssäule von 1842

Daimler-Benz. Von Stuttgart aus agiert nicht nur der weltberühmte Automobilbauer, sondern es haben auch viele andere Großkonzerne hier ihren Sitz.

Tübingen, weltweit berühmt durch seine 1477 gegründete Universität, liegt am Neckar. Rathaus (Foto) und Altstadt sind vollständig erhalten.

Nördlingen mit seinem weltweit einzigartigen mittelalterlichen Stadtkern. Die ehemals freie Reichsstadt liegt an der „Romantischen Straße".

Die Stadtstruktur des im Nordschwarzwald gelegenen ab 1599 quadratisch angelegten Freudenstadt geht wahrscheinlich auf Zeichnungen Albrecht Dürers zurück.

Vor den Höhenzügen des südlichen Schwarzwalds liegt Freiburg mit seinem berühmten 116 Meter hohen Münsterturm und der pittoresken Altstadt.

Nürnberg, fränkische Metropole mit reicher Kaufmannstradition. Die Doppelburg war eine der bedeutendsten Wehranlagen Europas und ist Wahrzeichen der Stadt.

Weltkulturerbestadt Bamberg: Das Rathaus steht auf einer künstlichen Insel in der Regnitz, weil der Bischof dafür keinen anderen Platz gewähren wollte.

„Bayerisches Venedig" nennt man das malerische Passau: Drei Flüsse vereinigen sich hier: Inn (links), Donau und Ilz.

Regensburg ist nicht nur für die älteste Brücke über die Donau berühmt, sondern auch für seine wunderschöne Altstadt mit Rathaus und Dom St. Peter.

Der „Vierzylinder“ (rechts), das Hauptverwaltungsgebäude der BMW AG mit Museum (links), einem der großen Automobilbauer der Welt, steht in München.

München, Weltstadt mit Herz: Blick auf den Odeonsplatz, die Feldherrnhalle und die Theatinerkirche

Industrie

- und Freizeit-

landschaften

Vor allem in jenen Regionen Deutschlands, so auch vor Borkum, wo es ständig weht, entstehen Windparks, die saubere Energie liefern.

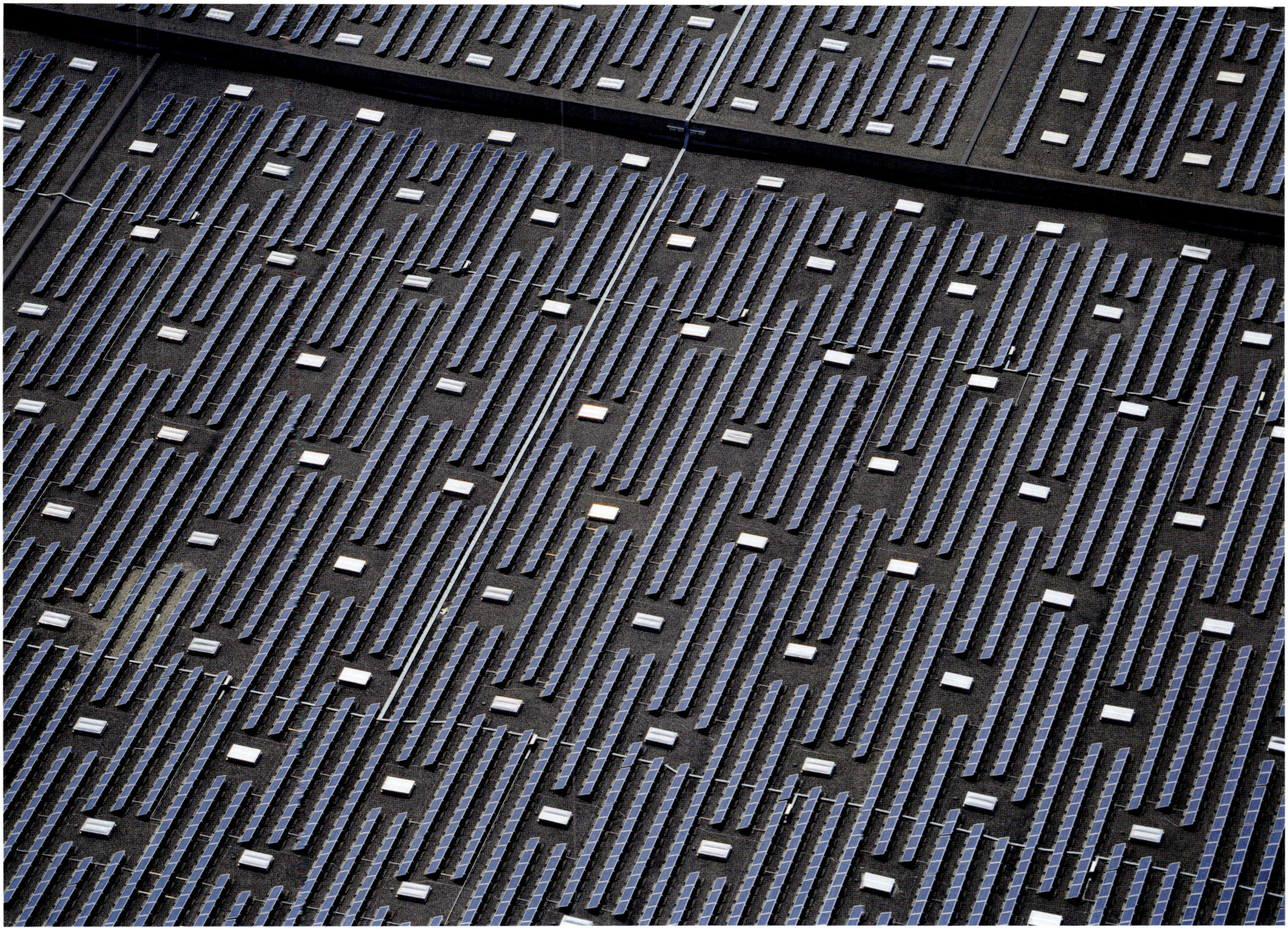

Sonnenlicht wird Energie: Riesige Photovoltaikanlagen, wie hier auf einem Dach in Illertissen, wandeln Licht in elektrische Energie um.

Erst aus der Luft eröffnen sich die Dimensionen des Hamburger Hafens, des zweitgrößten in Europa, mit seinen Hafenbecken, Kaianlagen und Inseln.

Das Gleissystem des größten Rangierbahnhofs in Europa. In Maschen, südlich von Hamburg, werden pro Tag rund 200 Güterzüge zusammengestellt.

Berlin Hauptbahnhof: Mit täglich 300 000 Reisenden einer der meistfrequentierten Bahnhöfe Deutschlands. Das Gebäude entwarf Meinhard von Gerkan.

Der Leipziger Hauptbahnhof mit seinen 21 Gleisen ist der größte Kopfbahnhof Europas. In der zweiten Hälfte der 1990er-Jahre wurde er umfassend erneuert.

Ruhrgebiet: Halde Haniel in Bottrop mit dem auf der Haldenkuppel angelegten Amphitheater

Kohlekraftwerk Niederaußem bei Düren, Nordrhein-Westfalen

Im Norden Gelsenkirchens: links das Eon-Steinkohle-Kraftwerk und rechts die BP-Raffinerie Scholven, in der 1700 Mitarbeiter beschäftigt sind

Hier kreuzen sich viele Wege: Das Ruhrgebiet ist eines der am dichtesten besiedelten Ballungsräume Europas.

Unablässig fressen sich die Schaufeln des Braunkohlebaggers in das Erdreich bei Welzow, westlich von Cottbus, Brandenburg.

Sonne, Wasser, Abenteuer: Westbad in München

Deutschlands größter Freizeitpark liegt im Südbadischen: Zum Europapark Rust gehören u.a. eine Erlebnis-Achterbahn, fünf Hotels und ein Kino.

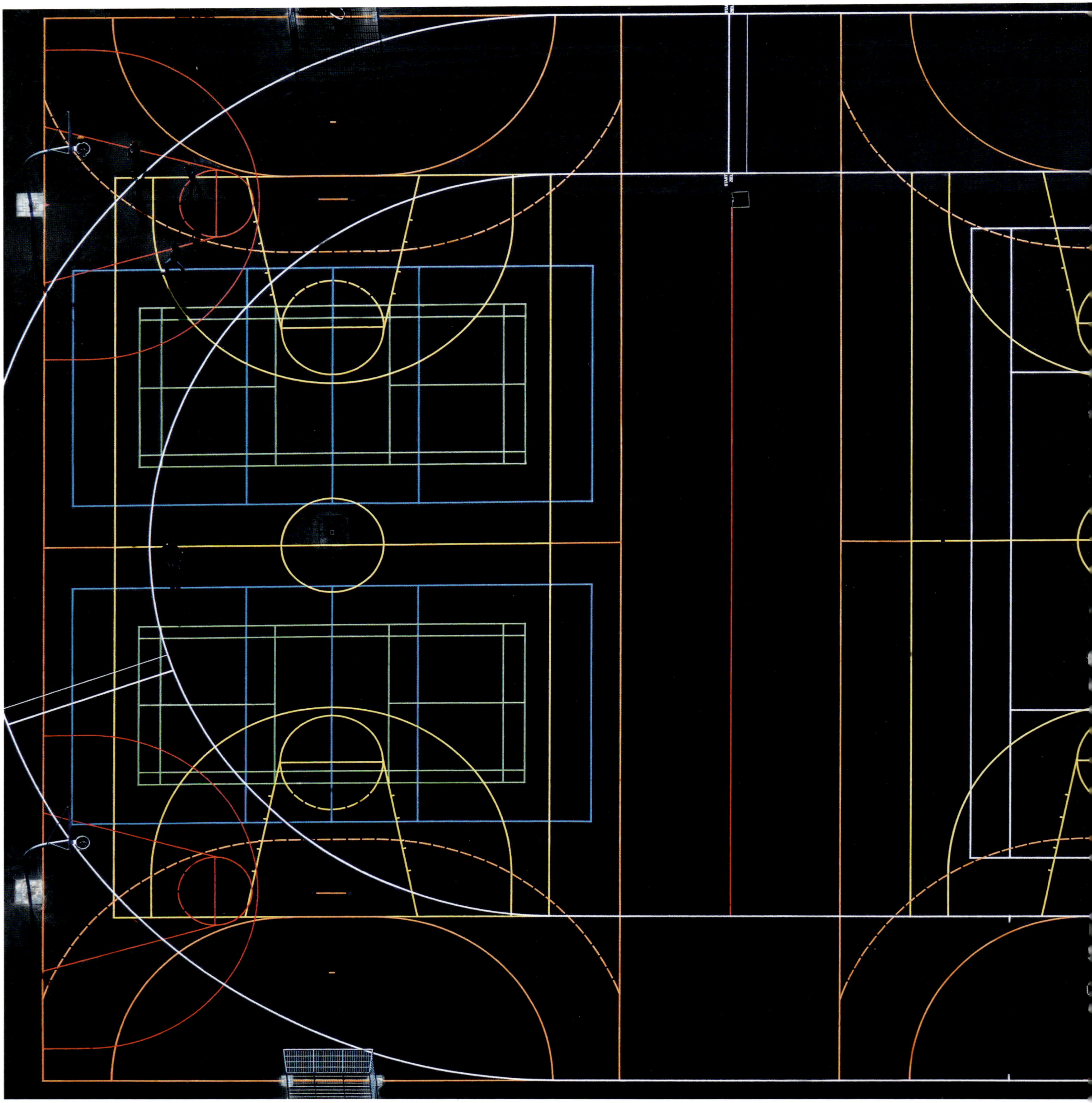

Neu-Ulm: Das geheimnisvolle Liniennetz entpuppt sich als Multifunktions-Sportplatz: Hier kann Basketball, Handball und Fußball gespielt werden.

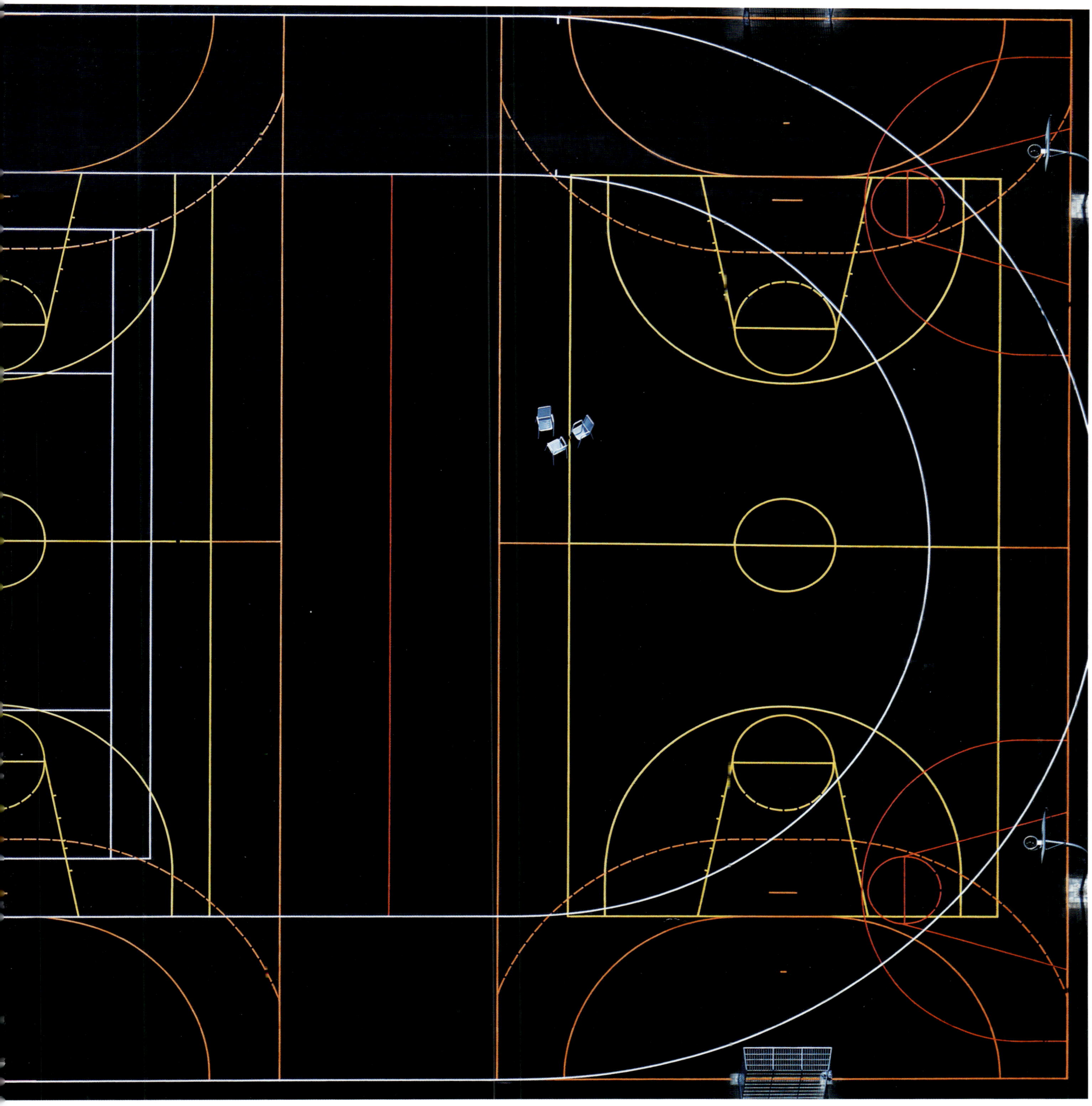

Ortsregister

Kiel
Schleswig-Holstein
Mecklenburg-Vorpommern
Hamburg
Schwerin
Bremen
Niedersachsen
Berlin
Potsdam
Hannover
Brandenburg
Magdeburg
Sachsen-Anhalt
Nordrhein-Westfalen
Düsseldorf
Dresden
Erfurt
Sachsen
Thüringen
Hessen
Wiesbaden
Rheinland-Pfalz
Mainz
Saarland
Saarbrücken
Bayern
Stuttgart
Baden-Württemberg
München

Impressum

Bibliografische Information der Deutschen Nationalbibliothek
Die Deutsche Nationalbibliothek verzeichnet diese Publikation in der Deutschen Nationalbibliografie; detaillierte bibliografische Daten sind im Internet über http://dnb.d-nb.de abrufbar.

ISBN 978-3-8319-0632-1

Fotografie: Gerhard Launer, Rottendorf
Redaktion: Svetlana Romantschuk, Hamburg
Gestaltung: BrücknerAping Büro für Gestaltung GbR, Bremen
Gesamtherstellung: Girzig + Gottschalk GmbH, Bremen

www.ellert-richter.de

Titel: Fraueninsel im Chiemsee